LAS MATEMÁTICAS EN NUESTRO MUNDO

VAMOS A
DECIR LA HORA
TODO EL TIEMPO

Por Jean Sharp

Consultora de lectura: Susan Nations, M.Ed.,
autora/consultora de alfabetización/consultora de desarrollo de la lectura
Consultora de matemáticas: Rhea Stewart, M.A.,
especialista en recursos curriculares de matemáticas

WEEKLY READER®
PUBLISHING

Please visit our web site at **www.garethstevens.com**
For a free color catalog describing our list of high-quality books,
call 1-800-542-2595 (USA) or 1-800-387-3178 (Canada). Our fax: 1-877-542-2596

Library of Congress Cataloging-in-Publication Data available upon request from publisher.

ISBN-13: 978-0-8368-9019-8 (lib. bdg.)
ISBN-10: 0-8368-9019-1 (lib. bdg.)
ISBN-13: 978-0-8368-9028-0 (softcover)
ISBN-10: 0-8368-9028-0 (softcover)

This edition first published in 2008 by
Weekly Reader® Books
An Imprint of Gareth Stevens Publishing
1 Reader's Digest Road
Pleasantville, NY 10570-7000 USA

Senior Editor: Brian Fitzgerald
Creative Director: Lisa Donovan
Graphic Designer: Alexandria Davis

Spanish edition produced by A+ Media, Inc.
Editorial Director: Julio Abreu
Chief Translator: Luis Albores
Production Designer: Phillip Gill

Photo credits: cover & title page © Corbis; pp. 5, 22 © David Young-Wolff/PhotoEdit; p. 6
© Tom McCarthy/PhotoEdit; p. 7 © Ariel Skelley/Corbis; p. 8 © Christina Kennedy/PhotoEdit;
p. 9 © Will Hart/PhotoEdit; p. 11 © Robin Nelson/PhotoEdit ; p. 12 © Jeff Greenberg/PhotoEdit;
p. 13 © Tony Freeman/PhotoEdit; pp. 14, 19, 23 © Myrleen Ferguson Cate/PhotoEdit; p. 15 ©
Bob Daemmrich/PhotoEdit; pp. 17, 18 © Michael Newman/PhotoEdit; p. 21 © Spencer Grant/
PhotoEdit.

Printed in the United States

1 2 3 4 5 6 7 8 9 10 09 08 07

CONTENIDO

Las palabras que aparecen en el glosario están impresas en **negritas** la primera vez que se usan en el texto.

Capítulo 1:
La mañana

Es de **mañana** y los niños de la calle Park están muy activos. Tienen muchas cosas que hacer. ¿Qué harán los niños esta mañana?

Jenn se levanta a las 7:00 de la mañana.
Es hora de prepararse para ir a la escuela.
Se lava la cara y los dientes. Luego se viste
para ir a la escuela.

Henry desayuna con su familia. Comen a
las 7:30 de la mañana. Ellos desayunan cereal
y fruta. Henry se bebe un vaso de leche.

Kaya y su papá caminan a la parada del
autobús. El autobús llega a las 8:00 todas las
mañanas. Los lleva a la Park Street School.
Quieren llegar a tiempo a la escuela.

Los niños llegan a la escuela. La campana suena a las 8:30 de la mañana. Los niños hacen fila para entrar a clases.

Por la mañana los niños trabajan en centros. A las 10:30 Jon y Devin trabajan en el centro de matemáticas. Practican juegos de matemáticas.

Capítulo 2:
La tarde

Es de **tarde** y los niños de la calle Park
están muy activos. Tienen muchas cosas
que hacer. ¿Qué harán los niños esta tarde?

Los niños tienen la clase de arte a las 2:30.
Hoy usan crayolas y papel para dibujar.

La campana suena a las 3:00 todas las tardes. Terminó el día de clases y los niños hacen fila para irse a casa. Tienen muchas cosas que hacer después de la escuela.

Algunos niños juegan fútbol en el parque cerca de la escuela. La práctica empieza a las 3:30. Los niños están felices de salir a correr y jugar con sus amigos.

3:30

Otros niños toman clases de música después de la escuela. Su maestro de música les ayuda a practicar con sus instrumentos. Las clases de música empiezan a las 3:30.

Muchos niños hacen su tarea después de la escuela. Kim empieza su tarea a las 4:00. Primero hace sus ejercicios de matemáticas. Luego ella y otros niños escogen libros para leer.

Capítulo 3:
El anochecer

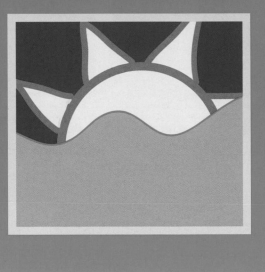

Es el **anochecer** y los niños de la calle Park están muy activos. Tienen muchas cosas que hacer. ¿Qué harán los niños este anochecer?

6:00

Chen cena con su familia. Le ayuda a
su papá a preparar la comida en la cocina.
Chen pone la mesa para la cena. La familia
come la cena a las 6:00 cuando comienza a
anochecer.

Ben y su familia van a dar un paseo.
Salen de la casa a las 6:30. Caminan por su
vecindario. ¡Es buen ejercicio para ellos!

A las 7:00 Tony lee un libro con su familia.
Cada anochecer leen un cuento juntos. A Tony
le gustan los emocionantes cuentos de misterio.
A su hermanito le gustan los libros de miedo.

Capítulo 4:
La noche

Es de **noche** y los niños de la calle Park
están muy activos. Tienen muchas cosas que
hacer. ¿Qué harán los niños esta noche?

Quinton se prepara para irse a la cama.
Se lava los dientes y se baña a las 7:30 cada
noche. Se pone su pijama y le da las buenas
noches a su familia.

Ana escoge su ropa para el día siguiente.
Se mete a la cama a las 8:00 cada noche.
Escucha música antes de quedarse dormida.

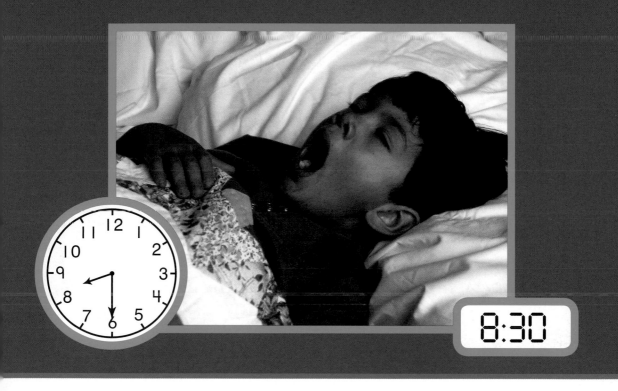

8:30

Josh se va a la cama a las 8:30 cada
noche. Su papá apaga la luz de su
habitación. "Buenas noches. Mañana
será otro día activo", le dice su papá.

Glosario

anochecer: final del día entre el atardecer y la primera parte de la noche

mañana: la parte del día desde el amanecer hasta el mediodía

noche: final del día, después de que se pone el sol

tarde: la parte del día entre el mediodía y el atardecer

Nota acerca de la autora

Jean Sharp ha escrito varios libros y programas de software educativos para niños. Vive con su familia en Minneapolis, Minnesota.